시끌시끌 소음공해 이제 그만!

와이즈만 환경과학 그림책은 우리 환경, 푸른 지구를 지켜 나가는 길을 함께 찾아가는 시리즈입니다.

와이즈만 환경과학 그림책 ❸
시끌시끌 소음공해 이제 그만!

초판 1쇄 발행 | 2019년 2월 22일
초판 9쇄 발행 | 2025년 8월 25일

정연숙 글 | 최민오 그림 | (사)한국소음진동공학회 감수
발행처 | 와이즈만 BOOKs
발행인 | 염만숙
출판사업본부장 | 김현정
편집 | 김예지 양다운 이지웅
디자인 | 권승희
마케팅 | 강윤현 백미영 장하라

출판등록 | 1998년 7월 23일 제1998-000170
제조국 | 대한민국
사용 연령 | 5세 이상
주소 | 서울특별시 서초구 남부순환로 2219 나노빌딩 5층
전화 | 마케팅 02-2033-8987 편집 02-2033-8928
팩스 | 02-3474-1411
전자우편 | books@askwhy.co.kr
홈페이지 | mindalive.co.kr

저작권자 ⓒ 2019 정연숙 최민오
이 책의 저작권은 정연숙 최민오에게 있습니다.
저자와 출판사의 허락 없이 내용의 일부를 인용하거나 발췌하는 것을 금합니다.

잘못된 책은 구입처에서 바꿔 드립니다.

• 와이즈만 BOOKs는 (주)창의와탐구의 출판 브랜드입니다.

시끌시끌 소음공해 이제 그만!

정연숙 글 | 최민오 그림 | (사)한국소음진동공학회 감수

와이즈만 BOOKs

우리가 세상에서 처음 들은 소리는 무슨 소리일까?
배 속에서 들은 엄마 심장 소리 아닐까?
엄마가 초음파 사진을 보고 반갑게 인사해.
다정한 목소리를 듣고 아기의 심장도 콩콩 뛰어.

초음파
주파수가 너무 커서 사람이 직접 들을 수 없지만 초음파를 발생시킨 다음 반사되어 온 음파를 분석하면 몸 밖에서도 몸 안의 모습을 볼 수 있어요.

세상은 소리로 둘러싸여 있어.
개구리의 개굴개굴 소리가
봄을 알리고,
보글보글 냉이 된장찌개 끓는 소리가
군침 돌게 해.

여름날 참새가
짹짹거리며 아침을 깨우고,
시원한 바람 소리와 함께 흥얼흥얼
노랫소리가 들리기도 해.

조용한 겨울밤에도 째깍째깍
시계 돌아가는 소리는 계속 나지.
새근새근 잠든
아가의 숨소리까지
크고 작은 소리로 세상은 가득해.

가을이 되면
스스스 풀벌레 소리도 들리고,
저녁이 되어 딩동 소리가 나면
아빠가 퇴근하고 오신 거야.

우리가 가만히 귀 기울여야 들리는 소리도 있어.
풀잎을 스치는 바람 소리
마른 낙엽 위를 구르는 도토리 소리
부지런히 움직이는 개미들의 발자국 소리.

개미도 소리를 낸다고!

하지만 우리 귀에는 들리지 않아.

사람들이 많아지고 도시가 복잡해지면
소리도 더 많아지고 더 커져.
자동차 소리, 쉬지 않고 울리는 휴대폰 소리,
도로를 건설하는 소리, 높은 건물을 짓는 소리.
어떤 사람들은 활기찬 소리로 느끼지만,
많은 사람들은 이런 소리를 소음으로 느껴.

도시의 소리는 너무 크고 시끄러워.

소리와 소음은 무엇이 다른 걸까?

여러 가지 소리를 자세히 들어 볼까?
작은 소리든 큰 소리든, 소리는 에너지를 품고 멀리 퍼져 나가.
이것을 파동이라고 하지.
파동의 크기는 온도를 재는 것처럼 숫자로 나타낼 수 있어.
바로 데시벨(dB)이야.

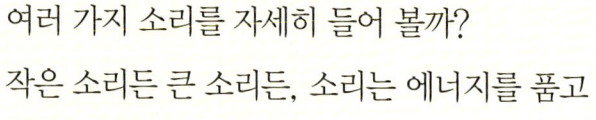

피아노 치는 소리

전화벨 소리

금속이 부딪히는 소리

친구가 속삭이는 소리

숲속의 소리

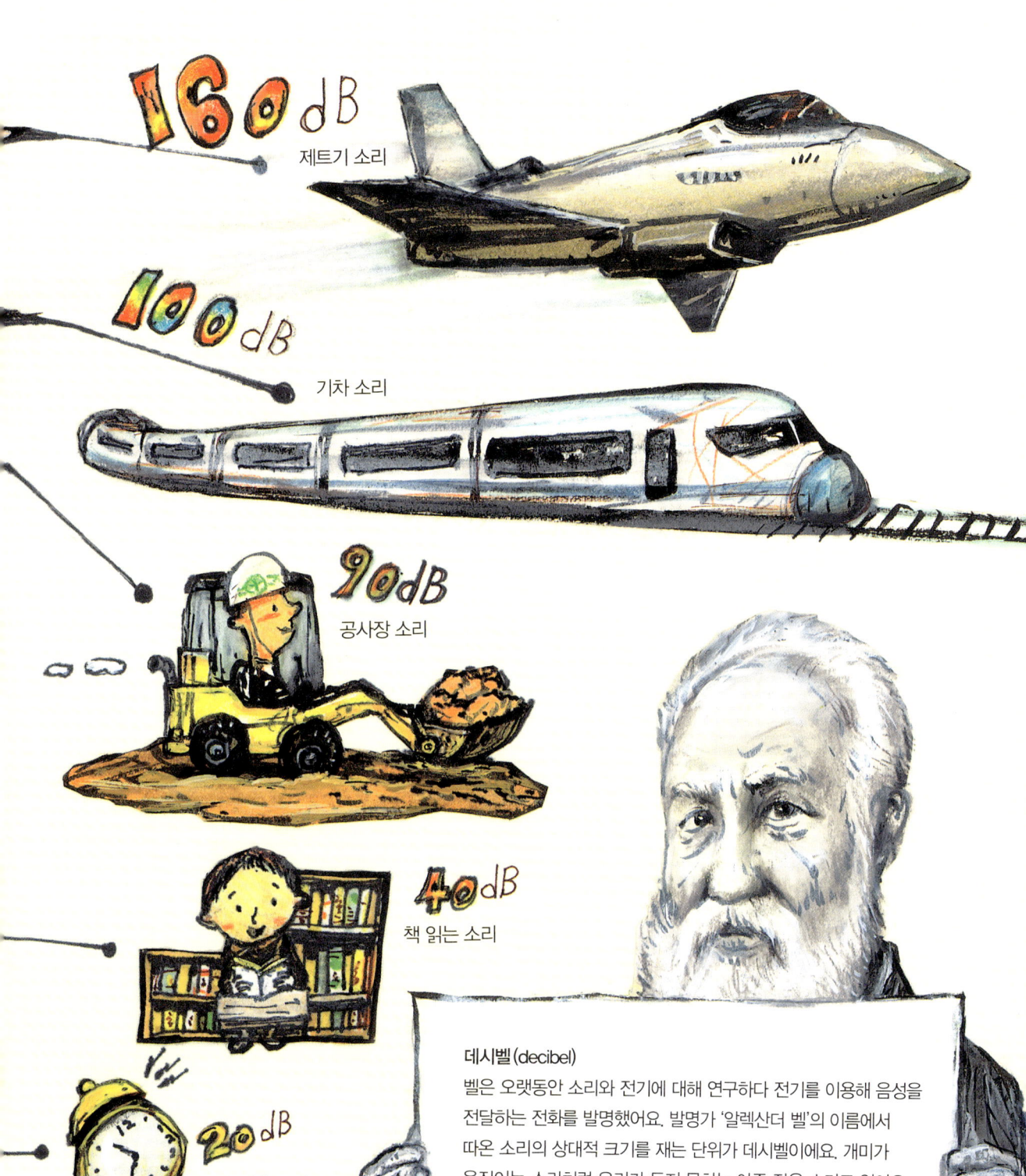

160dB 제트기 소리

100dB 기차 소리

90dB 공사장 소리

40dB 책 읽는 소리

20dB 시계 초침 소리

데시벨(decibel)

벨은 오랫동안 소리와 전기에 대해 연구하다 전기를 이용해 음성을 전달하는 전화를 발명했어요. 발명가 '알렉산더 벨'의 이름에서 따온 소리의 상대적 크기를 재는 단위가 데시벨이에요. 개미가 움직이는 소리처럼 우리가 듣지 못하는 아주 작은 소리도 있어요. 사람의 청력으로는 1 dB 이하의 소리를 들을 수 없거든요. 0 dB 기준으로 20dB 씩 증가할 때 소리의 크기는 10배로 커집니다.

이 소리들 중에 어떤 게 소음일까? 큰 소리가 소음일까?
110데시벨이 넘는 소방차 사이렌은 소음일까, 아닐까?
무척 큰 소리지만 대부분 사람들은 소음이라고 느끼지 않아.
생명을 구하러 다급하게 달려가는 소리거든.

도서관에서 소곤대는 소리는 소음일까, 아닐까?
30데시벨밖에 안 되는 작은 소리지만 사람들은 소음이라고 느껴.
다른 사람들을 방해하고 불편하게 하거든.

소리는 참 신기하지?
같은 소리라도 시간과 장소가 달라지면 소음이 되기도 해.

베토벤 교향곡은 콘서트홀에서 들으면 웅장하고 멋져.
하지만 지하철에서 옆사람의 이어폰에서 새어 나오면 시끄럽게 들려.

한낮 나무 그늘에서 듣는 매미 소리는 시원한 자장가 같지.
하지만 한밤 자려고 누웠을 때 듣는 매미 소리는 정말 괴로워.

너무 커서 괴로운 소리뿐 아니라,
작아도 괴롭게 느껴지는 소리가 있다면, 그게 바로 소음이야.

소음은 공기 오염 다음으로 사람들에게 해로운 공해야.
시끄러운 소음을 오랫동안 들으면 건강이 나빠져.
두통, 우울증, 심장병이 생겨 건강을 잃을 수도 있고,
심해지면 소리를 못 듣게 될 수도 있어.

사람이 견딜 수 있는 소음은 어디까지일까?
몸에 해를 끼치지 않을 정도의 소음을 '소음의 허용 기준'이라고 해요.
보통 낮에는 설거지하는 소리나 전화벨 소리 정도(50~70 dB)이고,
밤에는 책 읽는 소리나 조용히 얘기하는 소리(40~58 dB) 정도예요.
갑자기 울리는 벨소리(70 dB)의 경우에는 심장 질환을 유발할 수도
있고, 공사장 소리(80 dB 이상)를 오래 들으면 청각 장애가 올 수도
있어요.

소음 때문에 사람들은 서로 싸우기도 해.
낮과 밤을 가리지 않고 시끄러운 소리와 진동이
바닥과 벽을 타고 아랫집, 윗집, 옆집으로 전달되거든.

나무도 소음을 느낄까?
사과나무 한 그루에는 부드러운 클래식 음악을 들려주고,
다른 한 그루에는 사람이 듣기에도 괴롭고 시끄러운 소리를 들려주었어.
어떻게 되었을까?
아름다운 음악을 들려준 사과나무는 잘 자라고 열매도 더 많이 맺었지만
시끄러운 소리를 계속 들려준 사과나무는 열매를 맺지 못했어.

식물에게도 귀가 있을까?
동물과 달리 식물은 귀가 따로 없어요. 그 대신 온몸으로
소리를 들어요. 음악 소리가 식물 몸 가장 바깥에 있는
세포벽에 전달되면 그 진동이 세포벽 안쪽에 있는
세포질에 전해져서 소리를 느끼게 됩니다.

잔잔하고 푸른 바닷속은 어떨까?
소리는 공기보다 물속에서 더 빨리 전달돼.
배의 프로펠러 돌아가는 소리,
해양 자원 탐사, 해저 터널 공사 소리 때문에
고래들도 무척 괴로워.

나도 귀마개가 필요해.

바닷속은 왜 더 시끄러울까?

바다 밖에서 나는 소리는 바닷속으로 흡수되지 않아요.
음파가 바닷물에 반사되어 나오기 때문이에요.
하지만 바닷물은 공기보다 물 입자들이 촘촘하게 붙어 있어서
바닷속에서는 소리가 더 빨리, 더 멀리 전달돼요. 그래서
같은 소리를 내도 바닷속은 물 밖보다 더 시끄럽게 들려요.
한 연구에 따르면 대서양 바닷속의 평균 소음이
100 dB이나 된다고 해요.

맑고 푸른 하늘은 조용할까?
하늘을 가르며 제트기가 날아가.
고막을 찢을 듯한 소리에 사람들도 동물들도 깜짝 놀랐어.
어미 여우가 끔찍한 소리에 놀라 어린 새끼를 공격하는 일도 생겼어.
하늘에서 생긴 소음 때문에 사람들도 골머리를 앓고 있어.

으악, 이제 그만!
세상의 소음을 줄이려면 어떻게 해야 할까?

잠시 이야기를 멈추고

피아노를 멈추고

휴대폰을 멈추고

게임을 멈추고

"쉿!"

"1분만!"

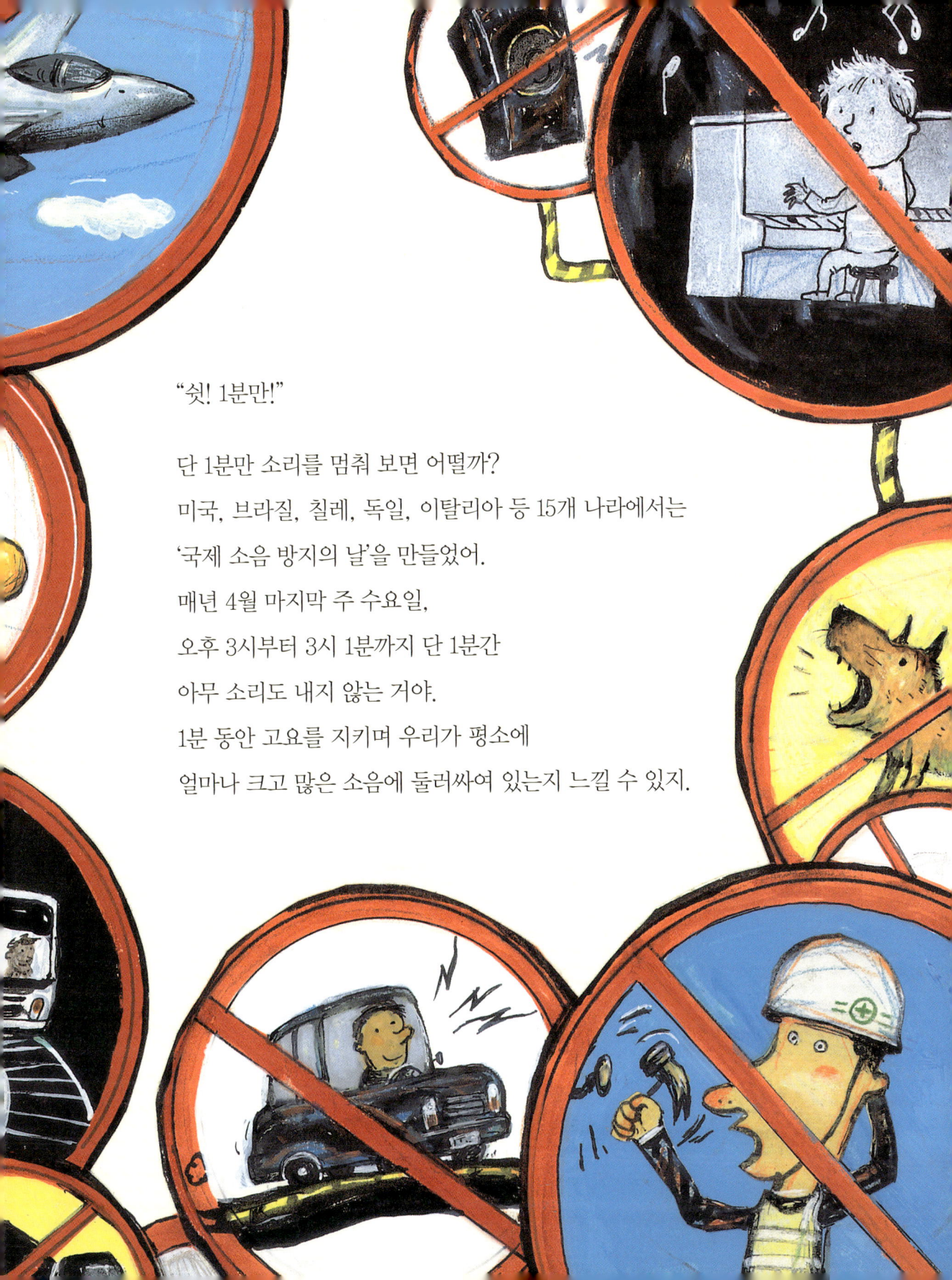

"쉿! 1분만!"

단 1분만 소리를 멈춰 보면 어떨까?
미국, 브라질, 칠레, 독일, 이탈리아 등 15개 나라에서는
'국제 소음 방지의 날'을 만들었어.
매년 4월 마지막 주 수요일,
오후 3시부터 3시 1분까지 단 1분간
아무 소리도 내지 않는 거야.
1분 동안 고요를 지키며 우리가 평소에
얼마나 크고 많은 소음에 둘러싸여 있는지 느낄 수 있지.

어떻게 하면 소음을 줄일 수 있을까?

바닷속 소음 때문에 돌고래들이 청력을 잃고 있어.
세계 해양 소음 방지법을 만들면 어떨까?

건설사에서는 층간 소음을 최소화할 수 있는
최첨단 건축 자재를 개발해야 해.

방음벽만으로는 도로의 소음을 막을 수 없어서
연구소에서는 소음을 방지하는 방음 터널 기술이 개발됐어.

자동차에 소음을 줄이는 장치도 부착하면 더 효과적이겠지.

모두가 함께 노력한다면 소음 공해를 줄일 수 있어.

쉿! 1분만!
가만히 귀를 기울여 봐.
지금 네 귀에 어떤 소리가 들리니?
그 소리는 소음일까, 아닐까?

소리가 들린다, 들려!

우리 주변은 끊이지 않는 소리로 가득 차 있어요. 우리가 소리를 들을 수 있는 것은 귀의 특이한 모양과 기능 때문이라는 걸 알고 있나요? 소리를 듣게 되는 원리와 소음이 시끄럽게 들리는 이유에 대해 알아봐요.

우리는 어떻게 소리를 들을까?

우리가 소리를 듣기까지는 많은 기관이 복잡한 과정을 거쳐야 해요. 귓속으로 들어가는 소리를 따라가 봐요. 우리가 소리를 듣는 신기한 과정을 알게 될 거예요.

❶ **청신경** 귀의 안쪽에 분포되어 있는 감각 신경이에요. 달팽이관에서 전기 신호로 바뀐 소리의 진동을 뇌로 전달해요.

❷ **달팽이관** 2.5바퀴 회전한 모양이에요. 소리의 진동을 뇌가 이해할 수 있는 전기 신호로 바꿔요. 고막과 청소골을 통과한 진동이 달팽이관 속의 림프액을 움직이면서 이 자극이 청신경 세포까지 전달돼요.

❸ **청소골** 망치뼈, 모루뼈, 등자뼈 3개의 작은 뼈로 우리 몸에서 가장 작은 뼈예요. 고막에서 진동이 전달되면 3개의 뼈가 동시에 진동하며 이를 달팽이관으로 전달해요.

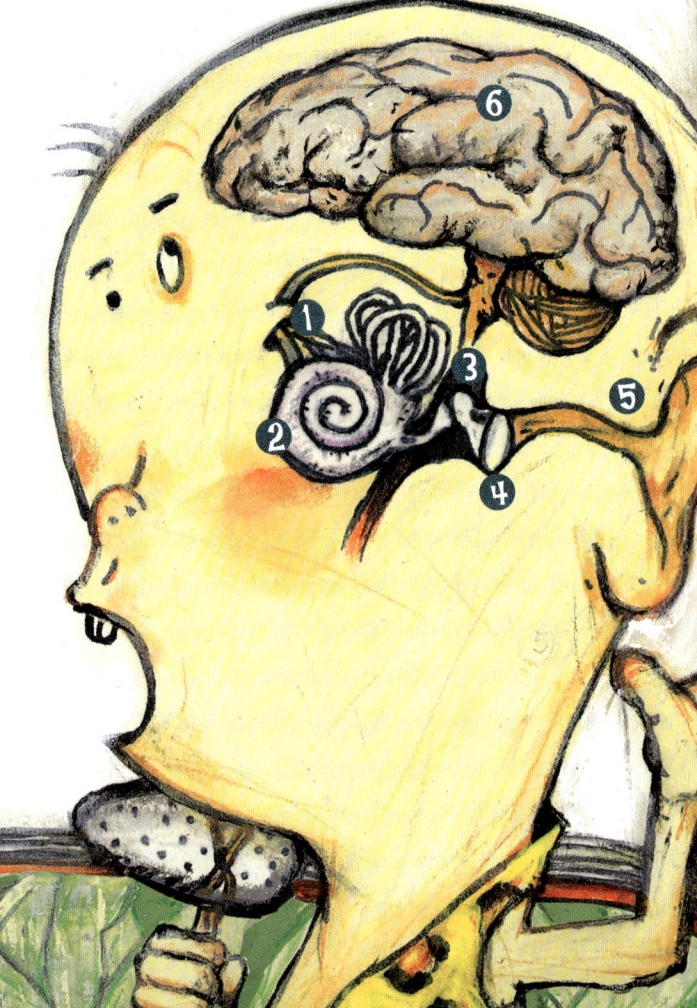

❹ **고막** 두께가 0.1 mm밖에 안 되는 타원형의 얇은 막이에요. 귀로 들어온 소리는 얇은 막에 부딪히면서 떨려요. 고막이 북처럼 떨리면서 소리가 귀 안쪽으로 전해져요.

❺ **귓바퀴** 귀의 가장 바깥쪽에 있는 부분이에요. 소리를 귀로 모아들이고 소리가 나는 방향을 감지해요. 앞쪽을 향해 있고, 둥근 모양이어서 소리를 모으기에 적절해요.

❻ **대뇌** 청신경을 통해 소리가 뇌로 전달되면 우리는 그때야 비로소 소리를 느끼게 돼요.

❼ **매질** 소리를 사방으로 전달해요. 고체, 액체, 기체 모두 매질이 될 수 있어요. 아무리 큰 소리가 나더라도 우주처럼 매질이 없는 곳에서는 아무 소리도 들리지 않아요. 공기 중에서는 소리가 공기를 진동시키며 퍼져 나가요.

어떤 소리가 가장 시끄러울까?

소리는 파동의 형태로 전달되기 때문에 음파라고도 불러요. 음파는 매질에 따라 전달되는 속도가 달라요. 철이나 콘크리트는 공기보다 밀도가 높아서 입자들끼리 더 많이 부딪치고, 진동하기 때문에 소리를 더 빨리, 더 멀리 전달해요. 이런 이유로 돌과 철로 지은 건물의 층간 소음이 길가의 소음보다 더 시끄럽게 들리는 거예요.

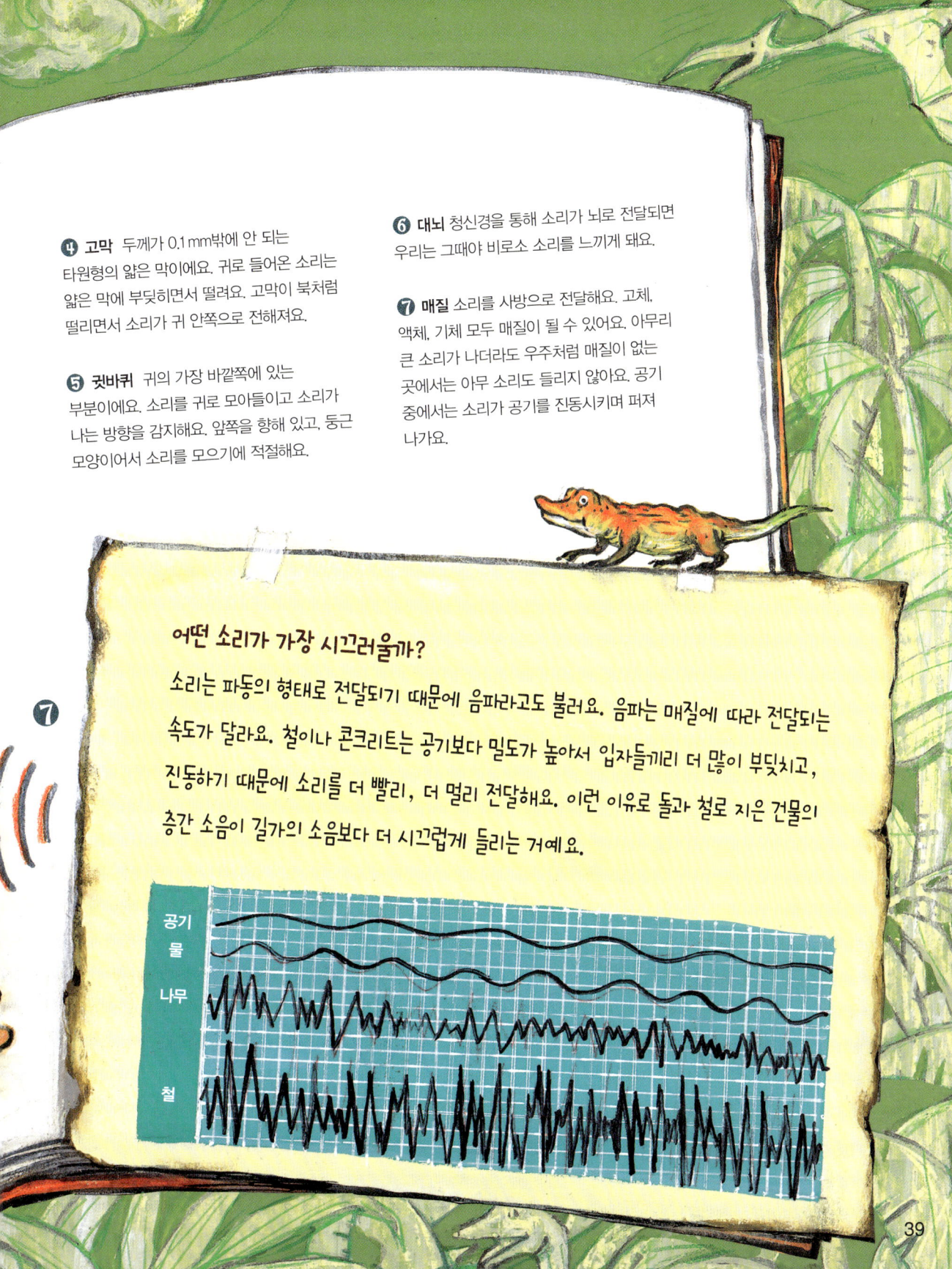

시끄러운 세상을 잠재울 기술

소음 공해의 피해를 줄이기 위해 많은 노력이 기울여지고 있는 가운데 과학과 기술에도 새로운 변화가 이루어지고 있어요. 소음을 줄일 수 있는 기술들에 대해 함께 알아봐요.

원하는 소리만 듣게 해 주는 기계 – 주택의 소음 줄이기

밖에서 들어온 시끄러운 소리가 집에서는 음악 소리로 변한다면 어떨까요? '소노'라는 장치는 창문에 붙이면 소리를 수집해 종류별로 나눠 분석해요. 그런 다음 소리와 파동의 형태는 똑같지만 반대로 진행하는 파장을 내보내 듣기 싫은 소리는 없애고, 원하는 소리만 듣게 해 줘요.

자유롭게 변형 가능한 소음 차단벽 – 도로의 소음 줄이기

도로의 소음은 자동차, 공사장 등 여러 원인이 있어요. 미국의 한 대학에서 종이접기의 원리를 이용해 얇고 설치가 쉬운 소음 차단벽을 만들었어요. 격자 모양으로 접을 수 있는 알루미늄판을 만들고, 접는 방식에 따라 기둥 간의 거리와 각도가 달라지는 소음 차단벽이라 환경에 맞게 다양하게 활용할 수 있어요.

조용한 하늘을 만들어 줄 친환경 비행기_ 하늘의 소음 줄이기

비행기는 빠른 만큼 교통수단으로서 큰 역할을 하고 있어요. 요즘은 탄소와 소음을 억제해 환경까지 생각하는 친환경 비행기들이 만들어지고 있어요. 엔진의 힘이 아니라, 프로펠러를 활용하고 배터리를 동력으로 삼고 있지요. 날개에 태양광 전지를 단 전기 비행기들도 등장하고 있어 조용한 하늘을 볼 수 있는 날이 멀지 않았어요.

크지만 진동과 소음이 적은 배 _ 바다의 소음 줄이기

바다의 소음은 해저 탐사와 풍력 발전기, 선박들이 내는 소리 때문에 발생해요. 무게가 5천 톤이 넘는 해양 조사선 이사부 호는 소음과 진동을 줄이기 위한 기술을 도입했어요. 변속이 부드러운 전기 모터를 사용했고 장비를 설치할 때마다 바닥에 마운트라는 장치도 달아 진동을 흡수하게 했어요.

내 손으로 소음 공해를 줄여요

시끄러운 소음으로 지구가 몸살을 앓고 있어요. 주변을 둘러보고 관심을 기울이면 우리가 줄일 수 있어요! 여기, 지금, 우리 집에서부터 시작하면 된답니다. 작은 것부터 하나씩 실천하며 조용한 지구를 만들어 봐요.

이웃을 위해 소음 시간표를 만들어요

혹시 피아노 연주, 마늘 찧기처럼 큰 소리를 낼 일이 있나요? 그렇다면 미안한 마음을 전하는 '사과 열매'와 이해해 주어 감사하다는 마음을 전하는 '감 열매' 그림을 그린 다음, 이웃집 문 앞에 붙여 봐요. 이웃들에게도 소음 시간표를 나누어 주며 함께 사용해요.

가운데 메모 공간에 시끄러운 소리가 나는 시간과 이유를 적는다.

사과의 말, 감사의 말도 적는다.

층간 소음을 줄이는 방법을 실천해요

이웃을 생각하고 배려하는 마음만 있다면 층간 소음을 얼마든지 줄일 수 있어요. 작은 일이라도 내가 할 수 있는 것을 생각하고 실천해 봐요.

❶ 발소리를 크게 내면서 걷거나 문을 세게 닫지 않도록 조심한다.
❷ 늦은 밤이나 이른 새벽에는 샤워, 악기 연주, 세탁기와 청소기, 운동 기구 사용을 하지 않는다.
❸ TV나 라디오 소리, 애완견이 짖는 소리가 나지 않도록 주의한다.
❹ 아파트에서는 카펫을 깐다. 특히 어린이가 있는 집은 카펫의 두께가 2 cm 이상이어야 한다.

소음 지도를 만들어요

소음 지도는 소음 피해를 줄이기 위해 일정한 장소의 소음도를 색깔로 표시한 지도예요. 직접 소음 값을 측정하기도 하고 예측된 소음 값으로 표시하기도 해요. 내가 살고 있는 곳 주변에서 소음이 나는 곳을 살펴보고, 소음 지도를 만들어 봐요.

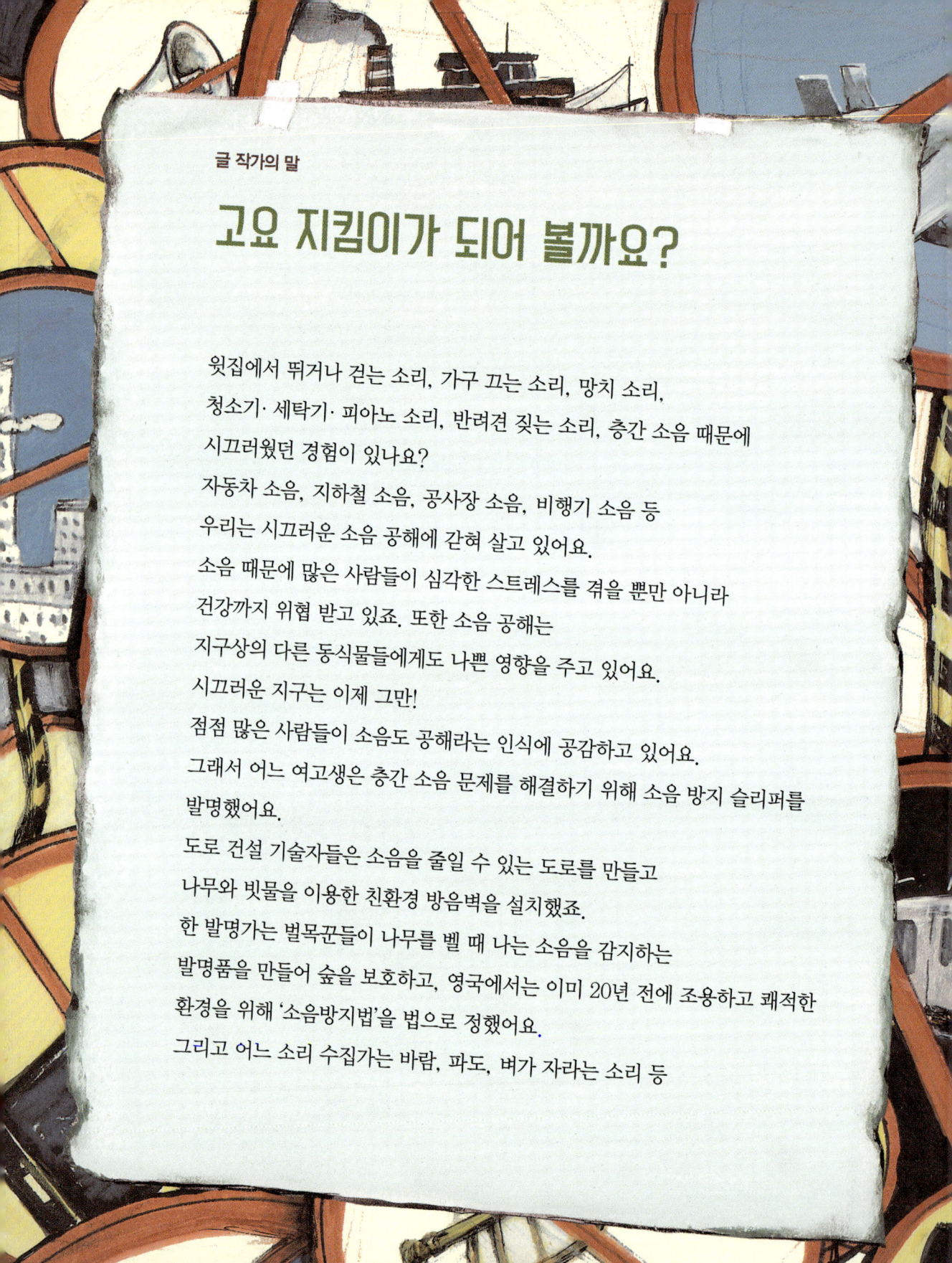

글 작가의 말

고요 지킴이가 되어 볼까요?

윗집에서 뛰거나 걷는 소리, 가구 끄는 소리, 망치 소리,
청소기·세탁기·피아노 소리, 반려견 짖는 소리, 층간 소음 때문에
시끄러웠던 경험이 있나요?
자동차 소음, 지하철 소음, 공사장 소음, 비행기 소음 등
우리는 시끄러운 소음 공해에 갇혀 살고 있어요.
소음 때문에 많은 사람들이 심각한 스트레스를 겪을 뿐만 아니라
건강까지 위협 받고 있죠. 또한 소음 공해는
지구상의 다른 동식물들에게도 나쁜 영향을 주고 있어요.
시끄러운 지구는 이제 그만!
점점 많은 사람들이 소음도 공해라는 인식에 공감하고 있어요.
그래서 어느 여고생은 층간 소음 문제를 해결하기 위해 소음 방지 슬리퍼를
발명했어요.
도로 건설 기술자들은 소음을 줄일 수 있는 도로를 만들고
나무와 빗물을 이용한 친환경 방음벽을 설치했죠.
한 발명가는 벌목꾼들이 나무를 벨 때 나는 소음을 감지하는
발명품을 만들어 숲을 보호하고, 영국에서는 이미 20년 전에 조용하고 쾌적한
환경을 위해 '소음방지법'을 법으로 정했어요.
그리고 어느 소리 수집가는 바람, 파도, 벼가 자라는 소리 등

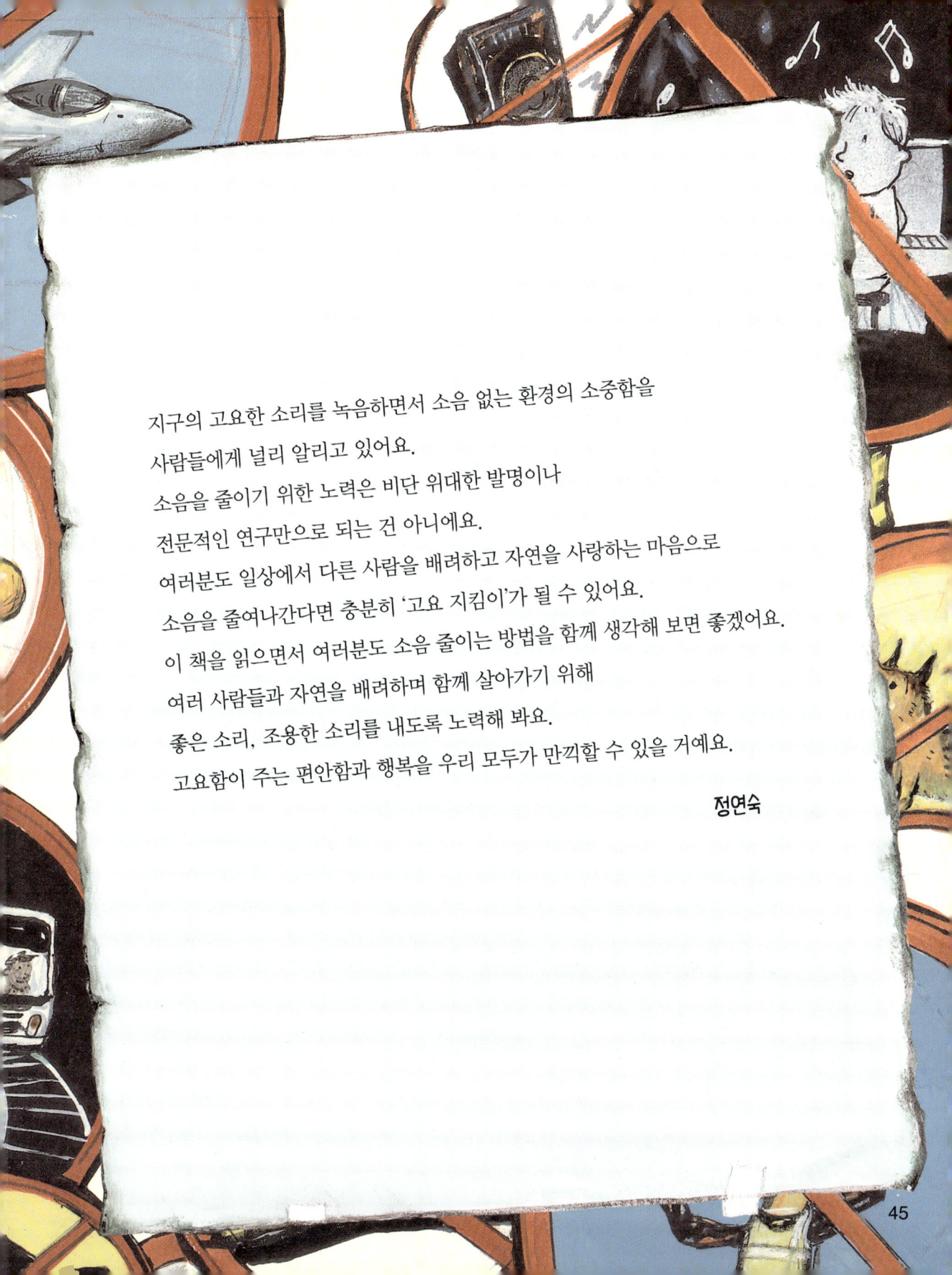

지구의 고요한 소리를 녹음하면서 소음 없는 환경의 소중함을
사람들에게 널리 알리고 있어요.
소음을 줄이기 위한 노력은 비단 위대한 발명이나
전문적인 연구만으로 되는 건 아니에요.
여러분도 일상에서 다른 사람을 배려하고 자연을 사랑하는 마음으로
소음을 줄여나간다면 충분히 '고요 지킴이'가 될 수 있어요.
이 책을 읽으면서 여러분도 소음 줄이는 방법을 함께 생각해 보면 좋겠어요.
여러 사람들과 자연을 배려하며 함께 살아가기 위해
좋은 소리, 조용한 소리를 내도록 노력해 봐요.
고요함이 주는 편안함과 행복을 우리 모두가 만끽할 수 있을 거예요.

정연숙

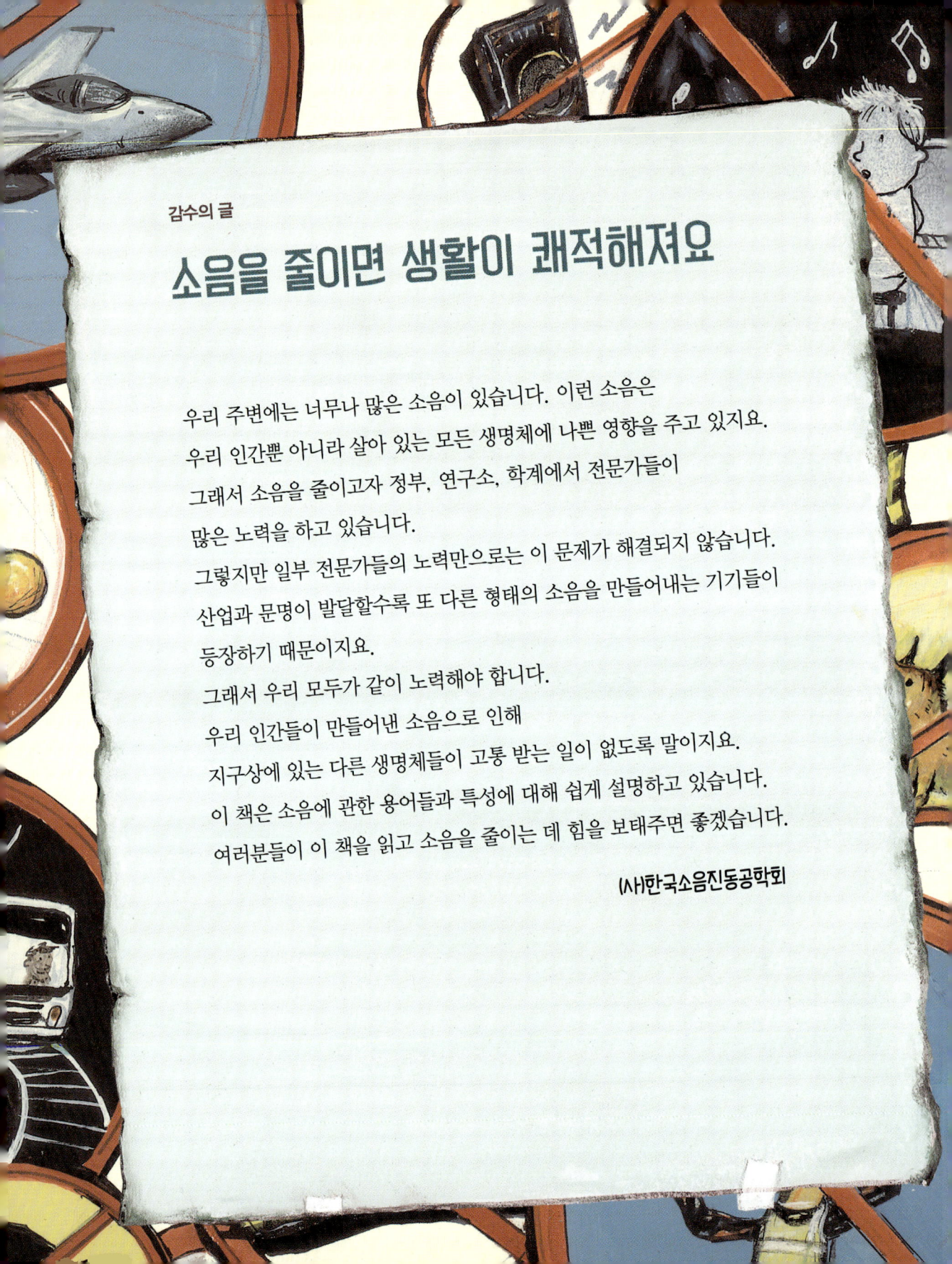

감수의 글

소음을 줄이면 생활이 쾌적해져요

우리 주변에는 너무나 많은 소음이 있습니다. 이런 소음은
우리 인간뿐 아니라 살아 있는 모든 생명체에 나쁜 영향을 주고 있지요.
그래서 소음을 줄이고자 정부, 연구소, 학계에서 전문가들이
많은 노력을 하고 있습니다.
그렇지만 일부 전문가들의 노력만으로는 이 문제가 해결되지 않습니다.
산업과 문명이 발달할수록 또 다른 형태의 소음을 만들어내는 기기들이
등장하기 때문이지요.
그래서 우리 모두가 같이 노력해야 합니다.
우리 인간들이 만들어낸 소음으로 인해
지구상에 있는 다른 생명체들이 고통 받는 일이 없도록 말이지요.
이 책은 소음에 관한 용어들과 특성에 대해 쉽게 설명하고 있습니다.
여러분들이 이 책을 읽고 소음을 줄이는 데 힘을 보태주면 좋겠습니다.

(사)한국소음진동공학회

글 정연숙
대학교에서 문헌정보학을 공부했습니다.
EBS에서 〈지식채널 e〉의 작가로 활동했고, 2008년 '샘터상' 동화 부문을 수상해 등단했습니다.
지금은 어린이 책의 매력에 끌려 작업에 힘쓰고 있으며, 지은 책으로는 《세상을 바꾼 상상력 사과 한 알》,
《조선을 그리다》, 《우리를 잊지 마세요》, 《은행나무의 이사》, 《지식e》 등이 있습니다.

그림 최민오
1966년 서울에서 태어나 추계예술대학교에서 서양화를 공부했습니다.
프리랜서 일러스트레이터로 활동 중이며, 작품으로는 《응가하자, 끙끙》, 《뭐하니?》, 《왕치와 소새와 개미》,
《내 고추는 천연기념물》, 《거미 덕분에》, 《진진이와 할아버지》, 《청개구리 수놀이》 등이 있습니다.

감수 (사)한국소음진동공학회
사단법인 한국소음진동공학회는 소음·진동에 관한 학문과 기술의 발전 및 보급에 기여하고
과학과 기술의 진흥에 이바지하기 위해 만들어진 환경부 산하 사단법인입니다.
기계, 건축, 토목, 항공, 조선 및 해양, 전기, 전자 등 여러 분야의 회원으로 구성되어
쾌적한 생활환경을 위한 다양한 활동을 하고 있습니다. 이 책을 책임 감수해 주신 분은
2019년도 수석부회장인 곽문규 동국대학교 기계로봇에너지공학과 교수님입니다.